HALLOWEEN
WORD SEARCH FOR KIDS

AF390056

THIS BOOK BELONG TO

Word Search 1

R	E	A	N	I	M	A	T	E	D	
K	P	N	O	O	M	L	L	U	F	
S	R	C	O	B	W	E	B	Y	C	
N	E	O	S	T	H	N	Q	M	U	
U	H	E	F	A	C	S	U	A	R	
D	K	J	R	H	T	R	F	U	S	
M	E	P	S	I	C	A	Y	N	E	
R	X	W	N	M	E	T	N	P	D	
R	M	F	A	D	R	J	I	I	T	
E	P	I	T	A	P	H	Y	P	C	

Word List

COBWEB
CRYPT
CURSED
EERIE
SATANIC

EPITAPH
FULL MOON
PITCHFORK
REANIMATED

Word Search 2

Y	N	D	L	Z	K	H	S	U	C
N	N	Y	F	Z	E	T	P	M	O
E	O	A	N	X	T	K	I	V	N
L	Y	R	V	F	O	E	D	L	I
K	T	J	D	L	M	U	E	C	C
C	E	D	L	L	B	L	R	T	A
A	A	U	J	W	U	O	X	A	L
C	K	P	L	T	N	A	C	T	H
S	O	O	E	E	O	D	C	C	A
E	Y	E	O	F	N	E	W	T	T

Word List

CACKLE	CRONE
CAPE	EYE OF NEWT
CAULDRON	HEX
CONICAL HAT	SKULL
SPIDER	TOMB

Word Search 3

Y I J I W Y D H N N
W C W A N D W O A H
Q W N F A A R C M Z
T J H A R P C U P R
S U M L M I Q S J T
H P O A W O K P Q O
B C E G G M R O O A
K S J L J I P C H D
E O W M L S C U E I
S O R C E R Y S G N

Word List

HOCUS POCUS   SPELL
MAGIC   TOAD
NECROMANCY   WAND
SORCERY   WARLOCK
WICCAN

Word Search 4

U	C	U	G	T	R	O	L	L	C
H	O	R	R	I	F	I	E	D	U
H	O	Z	I	Y	G	N	H	M	N
Z	I	H	M	R	V	O	R	O	D
K	Z	M	R	V	D	T	L	N	E
J	U	H	E	I	C	E	W	S	A
M	E	G	A	V	Z	L	F	T	D
S	R	R	P	T	S	E	Y	E	M
Z	F	H	E	G	P	K	B	R	N
A	V	O	R	D	S	S	C	S	A

Word List

AFRAID	MUMMY
GRIM REAPER	SKELETON
HORRIFIED	TROLL
MONSTERS	UNDEAD

Word Search 5

```
T  V  G  D  E  K  O  O  P  S
E  I  O  P  U  S  E  Q  G  H
R  W  P  F  A  R  Z  N  T  R
R  S  K  A  U  N  I  G  O  M
I  P  H  V  N  M  I  R  Q  D
F  O  M  A  A  I  R  C  E  Q
I  Q  N  E  K  E  C  R  K  A
E  V  R  S  T  I  A  K  Y  Y
D  C  I  L  O  C  N  T  E  E
S  V  K  I  S  U  L  G  H  D
```

Word List

PANICKED	SHAKING
PANICKY	SPOOKED
SCARED	TERRIFIED
SCREAMING	TERROR

Word Search 6

F T G V X Y V I V B
W Q N U U K D R G T
I H I G T O W N E R
T O L P Z O C Y A M
C R B S M P O V V C
H R M V C S E S R E
R I E J I A X V I R
A F R A I D R R I J
L Y T H B K E Y O L
G H O S T E D D Q Y

Word List

AFRAID   HORRIFY
CANDY   SCARY
EERIE   SPOOKY
EVIL   TREMBLING
GHOST   WITCH

Word Search 7

C R E E P Y T R L Y
D E K C I W I U L X
P N J N K P F T V P
L N I Z L T S F Z N
L N I G H A Z P M G
B P G G H S C O A V
H I I G O T A V E L
D R Q Z H I I D R A
F Z O M B I E U C W
B L A C K C A T S X

Word List

BLACK CAT
CREEPY
FRIGHTFUL
GHASTLY
NIGHT

RIP
SCREAM
WICKED
ZOMBIE

Word Search 8

C Y A S S R C H F C
Q X H E O G J X G O
P P D C R U E E F N
M E L B A B I H F I
J A G Y E C H S X C
P N G W C A K A G A
E U B I V P N L G L
O O W K C E O W E H
C N D C R O N E E A
C A U L D R O N A T

Word List

CACKLE
CAPE
CAULDRON
COBWEB
CONICAL HAT

CRONE
HAG
HEX
MAGIC

Word Search 9

Y	E	C	G	N	I	L	W	O	H
P	U	N	R	K	W	E	A	S	E
E	D	R	A	Y	E	V	A	R	G
S	E	E	V	C	P	H	Y	D	C
P	G	F	E	J	C	T	V	E	O
R	M	S	S	R	H	I	O	S	F
O	Y	C	T	L	I	O	W	R	F
C	X	Y	O	N	P	E	F	U	I
M	T	I	N	O	A	U	B	C	N
H	C	N	E	I	M	S	V	X	A

Word List

COFFIN	EERIE
CORPSE	GRAVESTONE
CRYPT	GRAVEYARD
CURSED	HOWLING
WICCAN	

Word Search 10

H	D	P	H	A	N	T	O	M	H
J	G	U	Z	S	S	W	H	S	Y
K	N	U	G	O	B	L	I	N	M
K	Q	N	H	U	P	L	J	Y	A
U	J	G	I	A	U	Z	S	H	G
Y	L	T	S	O	H	G	B	X	I
E	N	C	H	A	N	T	E	D	C
B	B	G	V	P	O	R	B	S	Q
N	O	I	T	I	R	A	P	P	A
P	H	A	N	T	A	S	M	V	E

Word List

APPARITION	GHOULISH
ENCHANTED	GOBLIN
GHOST	MAGIC
GHOSTLY	ORBS
PHANTASM	PHANTOM

Word Search 11

U	B	C	A	R	V	E	D	C	E
P	S	L	N	F	R	N	O	U	X
S	O	H	O	J	A	S	T	W	O
S	O	S	O	O	T	N	D	Y	R
K	P	T	S	U	D	P	G	F	C
J	O	I	M	E	S	Y	V	S	I
H	X	E	R	C	S	E	M	I	S
K	S	U	Y	I	A	S	I	R	M
U	I	Q	T	A	T	L	E	C	U
S	K	E	L	E	T	O	N	D	M

Word List

BLOODY	FANGS
CARVED	HOUSE
COSTUMES	POSSESSED
EXORCISM	SKELETON
SPIRIT	

Word Search 12

J	L	B	Y	H	W	U	C	Q	M
O	E	E	L	S	H	B	W	W	C
K	V	W	T	J	W	M	O	A	O
J	I	B	S	W	X	S	D	R	M
D	T	O	O	W	R	A	N	L	B
K	A	C	H	B	V	Z	R	O	O
C	T	V	G	E	L	J	L	C	N
A	I	U	R	A	M	F	U	K	E
L	O	M	O	T	N	A	H	P	S
B	N	C	H	A	I	N	S	A	W

Word List

BLACK
BONES
CADAVER
CHAINSAW
WARLOCK

COBWEB
GHOSTLY
LEVITATION
PHANTOM

Word Search 13

W N C R Y I N G I N G C Q
S E K S F I M I A U
O C E U T D P G F K
D Y L P L P T Y D I
B L M V I U D E E L
X T A S D N F V S L
I W G L A E G I R E
F U I C O T M L U R
D P C S P R E E C A
S W L M O O N F X E

Word List

CANDY	FULL
CRYING	KILLER
CURSED	MAGIC
EVIL	MOON
SPREE	WEEPING

Word Search 14

H	O	B	G	O	B	L	I	N	Y
N	D	H	M	U	M	M	Y	C	K
A	V	Z	O	O	R	B	S	G	D
M	Q	A	B	D	M	J	E	N	G
Y	V	A	M	B	N	R	A	I	N
E	R	Q	V	P	B	W	D	V	I
G	G	C	U	A	I	N	U	I	L
O	I	A	C	O	H	R	W	L	W
O	R	A	C	D	K	D	E	R	O
B	M	Z	U	X	E	H	K	Z	H

Word List

BOOGEYMAN	LIVING
HEX	MACABRE
HOBGOBLIN	MUMMY
HOWLING	ORBS
VAMPIRE	WAND

Word Search 15

Word List

BAT
BEGGING
CAPE
CRYPT
SORCERY

EPITAPH
GHOST
GRUESOME
MUMMIFIED
TOAD

Word Search 16

T A F R A I D S F L
D N V P P E L R I A
E E H A K L G E M M
S Z J O U O N T E R
S I O K Q Q I S L O
E P S V K C K N K N
S C A R E D A O C A
S I P M E E H M A R
O P L I W A S I C A
P D E V I L I S H P

Word List

AFRAID	PARANORMAL
CACKLE	POSSESSED
DEVILISH	SCARED
MONSTERS	SHAKING
SKULL	SPOOKED

Word Search 17

D I S G U I S E Y G

H C D R A Z I W C W

C O O N L Y H T E L

A V R F I C C U M U

U T I R F F M W E R

L K M G I I X N T E

D R I O I F N W E D

R A I B K Y I M R I

O D I Y Q E R E Y P

N S P E L L F I D S

Word List

CAULDRON   DISGUISE
CEMETERY   HORRIFIED
COFFIN   SPELL
DARK   SPIDER
WIZARD

Word Search 18

R	D	E	T	N	A	H	C	N	E
Z	M	A	U	S	O	L	E	U	M
Z	O	M	B	I	E	M	D	Z	O
F	F	U	B	O	N	C	E	N	G
T	E	R	R	I	F	I	E	D	W
G	R	A	V	E	S	T	O	N	E
V	A	Y	R	N	D	J	W	Y	E
Z	U	P	V	F	F	A	R	D	W
N	L	R	Q	U	U	O	E	S	P
P	E	S	I	R	G	L	O	D	M

Word List

DEAD
DEMON
ENCHANTED
FEARFUL
ZOMBIE

GORY
GRAVESTONE
MAUSOLEUM
TERRIFIED

Word Search 19

```
B  R  O  O  M  S  T  I  C  K
S  P  E  C  T  E  R  S  U  D
C  I  G  A  M  G  R  I  M  A
H  E  A  D  S  T  O  N  E  E
T  L  N  Y  Z  L  S  M  D  D
B  H  T  D  T  S  F  T  F  N
R  V  P  R  E  N  C  Z  M  U
T  E  R  R  O  R  I  Z  E  D
X  H  D  S  Z  Y  Y  O  O  I
C  I  B  L  A  C  K  T  P  J
```

Word List

BLACK	HEADSTONE
BROOMSTICK	MAGIC
DRESS	POINTY
GRIM	SPECTER
TERRORIZED	UNDEAD

Word Search 20

E D A R E U Q S A M

C X H A S G E S F C

N K B G G N E L U A

E S L X O S I U B R

U A I B I V C O G V

L M G O E O I P T I

F N N D R L R R Z N

N U P S S F Z H Z G

I F L A C I G A M S

D E N E T H G I R F

Word List

BOILS
BONES
CARVINGS
DEVIL
NOISES

FRIGHTENED
INFLUENCE
MAGICAL
MASQUERADE
UNMASK

Word Search 21

E V O C T Y Z A W K

P R A N K S F G H R

M U U F V R O K V O

S P M A A R O H N F

H G O I D O P X G H

A M D T P Z Z Z F C

D M U S I V I L E T

O E S D M O X H I I

W Q A S L Y N M W P

Y F V C G Q P F Q K

Word List

AFRAID   POTION
GHOST   PRANKS
IMP   SHADOWY
PITCHFORK   SPOOK
VILE

Word Search 22

S C R E A M I N G B

J Q V E X R K N J J

A C C A U E I V J C

K X K I K V H D U E

E M N A R X E J H M

E S E E L V Q D P E

P G N D R O B N W T

G N Z A I E N G Q E

U V C N D U C E V R

K B O G E Y M A N Y

Word List

ALONE	HEX
BOGEYMAN	KEEP
CARVED	MEDIUM
CEMETERY	RUINS
SCREAMING	UNNERVING

Word Search 23

G O M M J Y D M L R

J F S I R E U I Z L

N E A D G L Y R E G

W A T N I L T G M N

O R N I S S S D Q O

R F A G P X H I X R

C U H H E F A B U R

C L P T L F D R Z O

W L C A L U O O B Z

J C O E S M W M D K

Word List

CROWN
FEARFUL
GRIM
MIDNIGHT
YELLS

MORBID
PHANTASM
SHADOW
SPELLS
ZORRO

U	N	E	A	R	T	H	L	Y	B
W	B	W	E	D	O	O	L	B	D
E	E	L	S	K	U	L	L	S	R
F	I	R	A	R	O	J	L	C	A
N	S	R	E	C	O	O	P	A	Y
E	L	H	E	W	K	L	W	N	E
E	M	B	O	K	O	T	R	L	V
Y	J	P	V	E	J	L	P	M	A
W	X	H	X	B	S	K	F	K	R
F	K	H	P	M	B	U	J	U	G

Word List

BLACK	OWL
BLOOD	SHOES
ERIE	SKULL
GRAVEYARD	UNEARTHLY
WEREWOLF	

Word Search 25

N	O	I	T	A	T	I	V	E	L
H	O	X	V	I	E	T	N	P	G
S	D	L	U	A	R	A	I	T	I
I	O	C	X	V	M	P	K	H	U
L	O	V	A	C	R	Y	I	N	G
I	V	C	V	P	C	L	Z	U	E
V	R	Z	F	D	E	A	D	I	K
E	V	H	O	W	L	I	N	G	M
D	N	S	C	A	C	K	L	E	E
P	E	T	R	I	F	I	E	D	V

Word List

CACKLE	DEVILISH
CAPE	HOWLING
CRYING	LEVITATION
DEAD	PETRIFIED
TIARA	VOODOO

Word Search 26

H J W J T G R A V E
A C H E D I R Y A H
G O A R E A P E R M
Z S U R R S E G O O
T P N I L G O N U N
N O T D I B S U D S
L O E S L T Z E H T
V K D I E Z M R T E
V E N R U T K I A R
M D S L A N T E R N

Word List

GOBLIN HAYRIDE
GRAVE LANTERN
HAG MONSTER
HAUNTED MONSTERS
REAPER SPOOKED

Word Search 27

K	I	T	E	A	G	R	A	V	E
W	S	O	N	L	H	T	W	Q	V
O	X	M	O	C	A	J	T	A	E
R	L	B	T	R	T	W	N	C	E
C	D	S	S	B	A	I	F	T	C
E	A	T	E	F	S	N	R	M	N
R	A	O	V	H	T	C	G	E	I
A	Q	N	A	W	N	N	D	E	R
C	O	E	R	E	A	P	E	R	P
S	C	E	G	E	I	B	M	O	Z

Word List

GRAVE	PRINCE
GRAVESTONE	REAPER
HAT	SCARECROW
ORANGE	TOMBSTONE
VANISH	ZOMBIE

Word Search 28

G N H G I U P R I F
W N H O R R I B L E
C P I N R U R A P S
K A D L T R S D H O
A Q D U T H I A G L
R Y T A L R D F I D
A Y T I V O A Q Y I
I V G R W E Q T G E
T H E Y G M R E S R
T L U F T H G I R F

Word List

CADAVER	HORRIFY
FLASHLIGHT	SHADOWY
FRIGHTFUL	SOLDIER
HORRIBLE	STARTLING
TIARA	TUTU

Word Search 29

G A C N W O G T N W
S N A R K P I J O C
C E I Z E L P K R Y
Y O J L N E C M D E
W C F O L O P N L V
S I O F L I M Y U R
J M M R I M H N A A
T M A I Q N K C C C
T W M S A T N A H P
S H O B G O B L I N

Word List

CARVE
CAULDRON
CHILLING
COFFIN
PHANTASM

CREEPY
GOWN
HOBGOBLIN
MOONLIT
WARLOCK

Word Search 30

G A C M A G I C H R
E L F R C R X R T G
B V M R E X K A O U
S Q I D A A C M E F
G T I L S I T G X A
S P M O H K D U I L
S C S N Q R J N R L
C O S T U M E X S E
K C I T S M O O R B
G W C H I L L I N G

Word List

AFRAID	COSTUME
BROOMSTICK	CREATURE
CAT	EVIL
CHILLING	FALL
MAGIC	SPIDER

Word Search 31

P T H G I L N O O M

B P G S S K U L L G

X E I N B G K X W O

P T W T I A G C D J

D R E J C M U Z A D

W N E N F H R R R A

Y S A T N A F A K F

J P H G E Z F O L S

U I E D F N F I R A

S H A D O W D P B K

Word List

ALARMING
DARK
FANTASY
MOONLIGHT
WEB

PITCHFORK
PRETEND
SHADOW
SKULL

Word Search 32

W U M R X U F R Q Y
T K W Q Y T S G R C
O E Z C E W U A G O
W X R K P Q C N L B
I I S R T S O X L W
G A U T I O H I E E
C V N U M F P C P B
C O F F I N Y Q S R
P F E I B M O Z V L
F M R Y X D U X Z W

Word List

CASKET
COBWEB
COFFIN
HOCUS
WIG

MOON
SCARY
SPELL
TERRIFY
ZOMBIE

Word Search 33

K	P	O	T	I	O	N	D	R	X
R	I	W	T	D	K	K	Z	B	T
O	S	P	U	M	P	K	I	N	I
F	D	W	P	X	D	M	L	N	U
H	I	T	S	K	I	K	N	Y	S
C	B	R	Q	R	A	S	H	B	P
T	R	E	G	W	W	A	N	D	M
I	O	A	K	Q	N	M	X	B	U
P	M	T	J	I	U	P	P	V	J
U	K	S	G	D	H	J	A	U	S

Word List

GRIM	PITCHFORK
JUMPSUIT	POTION
MASK	PUMPKIN
MORBID	TREAT
TREATS	WAND

Word Search 34

Y L T S O H G G U H
N P P E V N N E Z K
K A M D I I C V Y R
M K Q K M H A I R L
T G A R G C S L J C
I H A M S I K V P U
S L O I K N E P M R
A J S R U A T I P S
Z I I G L P S R P E
K Z B Y L T I I I D

Word List

ALARMING
CASKET
CURSED
EVIL
SHAKING

GHOSTLY
GRIM
MIST
PANIC
SKULL

Word Search 35

```
F  C  U  M  O  T  N  A  H  P
N  A  Z  L  S  W  O  R  X  M
G  D  N  I  L  T  M  M  G  R
O  A  Q  G  K  N  A  G  B  L
B  V  M  R  S  G  G  E  B  R
L  E  H  N  V  N  I  Y  R  A
I  R  Z  Q  U  O  C  B  D  T
N  B  I  Y  G  M  Q  M  P  M
M  C  U  R  S  E  S  Z  D  I
N  S  O  R  C  E  R  Y  Q  M
```

Word List

CADAVER	GOBLIN
CURSES	MAGIC
FANGS	PHANTOM
GNOME	SORCERY
TOMB	TREATS

Word Search 36

U H N T R B O F J C
D N K O L A U L U P
D U N O I L L U M O
V M O E L T X O P S
Y D S E R T O T S S
Y N V P U V N P U E
I I H F I U E G I S
L C B Z H R C D T S
R T D Q Y J I A F E
V E L X L A W T T D

Word List

BLOODY	HUNT
CAT	JUMPSUIT
EVIL	POSSESSED
FULL	POTION
SPIRIT	UNNERVED

Word Search 37

N O I T I R A P P A P A
R E Q Y R I A F Q Q
H C C I Y L E Y T Y
J B T R G T R U Q K
F D N V O D N O T S
H O S B R M Z I B X
Y W G A P H A A O Q
V M Z U K S T N Y P
K I S L L O R T C V
W H C O R P S E I Y

Word List

APPARITION
BAT
CORPSE
FAIRY
WIZARDRY

FOG
NECROMANCY
POINTY
TROLLS

Word Search 38

W M X V D X O W D X
I G I A Z T T V U G
C S O P E U R H U I
K T T G R E E O E S
E L R K E T T S L O
D I Y R E T S B A L
M Y P N U V J R F A
N S A D Q E Y O F T
P A Q O C C U L T E
W H I S P E R C Q D

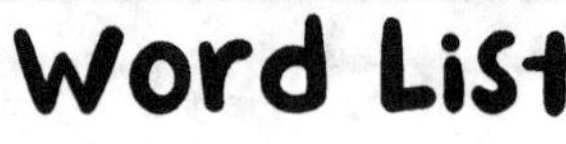

Word List

GRIM	QUEER
ISOLATED	SPREE
OCCULT	TOAD
ORBS	TROLL
WHISPER	WICKED

Word Search 39

L R E T C E P S U G
C R O W R C C G R G
I T E R R I F I E D
C R O N E X S Y B I
N M M S I C R O X E
B N O T E L E K S S
W O T H G I L I W T
K W N P V M U M M Y
O I G E T E R R O R
H P L B S A H A Z P

Word List

BONES	MUMMY
CRONE	SKELETON
CROW	SPECTER
EXORCISM	TERRIFIED
TERROR	TWILIGHT

Word Search 40

V W M Z N H A Y V W
A S R U F N F D R I
Q Q C K G I T E J Z
A I I A R L U T D A
V Q D R R R Y N N R
S P E L L Y F A E D
W T B A V F W H T N
C H O C U S Q C E K
G O R Y M Z R N R Y
Y L T S A H G E P X

Word List

ENCHANTED   PRETEND
GHASTLY   SCARY
GORY   SPELL
HOCUS   TERRIFY
UGLY   WIZARD

Word Search 41

W N I F F O C P E Z
D I U E W T W O C Z
B M T C M J D T O O
Z N M C S O J I B M
G I Z B H D O O W B
I K K K F C L N E I
I P P P C F R D B E
C M K X T R E A T S
C U C A S K E T F N
X P D S X K W I G T

Word List

CASKET
COBWEB
COFFIN
MOON
WITCHCRAFT

POTION
PUMPKIN
TREATS
WIG
ZOMBIE

Word Search 42

A P P A R I T I O N
T X M P W T R Z T J
H J O Z B T R I B Y
R E R P A W U E W O
I L B B W S A F A N
L I I K P C K N E T
L S D M S G Y S D X
I A U G R I M C A S
N J W L Q O L X R M
G A N I R E L L A B

Word List

APPARITION
BALLERINA
BAT
GRIM
TREAT

JUMPSUIT
MASK
MORBID
THRILLING
WAND

Word Search 43

O	K	E	Q	L	H	X	Y	Z	V
Q	M	L	R	E	R	R	P	M	B
Q	P	F	I	Y	D	O	M	F	C
O	O	R	Y	R	E	I	B	A	K
H	E	R	A	L	R	X	R	O	X
E	B	Z	K	G	T	V	D	Y	T
Q	I	C	T	O	E	S	F	Y	T
W	A	G	H	O	U	L	O	P	H
C	K	F	S	A	G	I	N	H	Q
P	E	G	X	O	D	A	D	K	G

Word List

CACKLE	GHOSTLY
CARVE	GHOUL
EERIE	GRIM
ELF	ROBOT
TOGA	WIZARDRY

Word Search 44

M	S	V	Q	P	M	L	W	O	E
H	Y	B	X	U	V	K	T	C	S
E	P	A	O	M	E	S	G	E	I
C	R	O	W	N	O	E	Q	M	U
P	Z	R	P	H	T	U	N	E	G
R	L	K	G	I	J	N	F	T	S
A	S	L	L	A	B	E	Y	E	I
N	E	T	H	G	I	R	F	R	D
K	U	T	N	M	M	D	E	Y	A
D	E	V	I	L	I	S	H	F	T

Word List

CEMETERY	EYEBALLS
CROWN	FRIGHTEN
DEVILISH	GHOST
DISGUISE	OWL
PRANK	QUEEN

Word Search 45

```
N  W  T  F  N  T  Q  Y  V  E
O  T  I  C  U  I  F  Y  G  Z
R  M  A  A  L  I  G  N  O  E
D  I  Q  R  R  O  A  H  D  C
L  S  W  T  A  R  A  I  T  S
U  T  E  R  T  N  R  K  T  J
A  P  A  S  B  Y  T  E  M  V
C  E  C  D  A  Q  E  U  I  H
F  Q  E  H  D  W  Q  E  L  X
G  O  V  K  S  O  I  Q  I  A
```

Word List

CAULDRON	MIST
CLOAK	NIGHT
FEAR	PETRIFY
HAYRIDE	STRANGE
SWEETS	TARANTULA

Word Search 46

E	H	R	B	L	A	C	K	X	O
U	D	D	F	J	N	U	H	R	H
N	D	A	J	W	G	S	B	R	S
E	C	C	R	E	E	P	Y	C	E
A	N	O	S	E	L	O	R	V	T
R	E	B	S	W	U	E	G	C	A
T	I	F	Z	T	A	Q	L	L	R
H	L	Z	B	M	U	O	S	T	I
L	A	V	C	H	W	M	P	A	P
Y	Y	P	Q	N	N	J	E	Y	M

Word List

ALIEN	COSTUME
ANGEL	CREEPY
BLACK	MASQUERADE
CLOWN	PIRATE
SCREAM	UNEARTHLY

Word Search 47

Q	G	O	B	L	I	N	W	Y	O
N	L	T	S	O	H	T	A	C	L
Z	S	O	T	C	M	U	M	J	E
L	S	M	Q	B	A	F	A	A	L
G	E	B	G	M	D	R	S	Z	B
N	N	G	O	O	D	I	E	S	I
I	K	Q	T	C	B	G	R	O	R
K	R	B	H	A	Y	H	E	Q	R
M	A	I	Q	U	T	T	S	R	E
J	D	B	Q	H	Z	L	Z	C	T

Word List

CAT	GOODIES
DARKNESS	KING
FRIGHT	SCARE
GOBLIN	TERRIBLE
TOMB	

Word Search 48

```
S  H  H  W  O  A  J  N  I  N
H  D  A  M  F  W  L  E  Y  O
O  Q  D  L  M  A  R  Q  X  Q
C  C  D  G  L  G  I  N  G  T
K  U  T  Q  O  O  G  R  I  V
I  V  B  O  Y  R  W  Q  Y  L
N  I  D  M  B  Y  O  E  R  X
G  J  M  K  X  E  C  N  E  I
L  U  O  C  U  E  R  M  P  N
M  P  R  I  N  C  E  S  S  E
```

Word List

COWGIRL	NINJA
FAIRY	OCTOBER
HALLOWEEN	OGRE
MUMMY	PRINCESS
SHOCKING	

Word Search 49

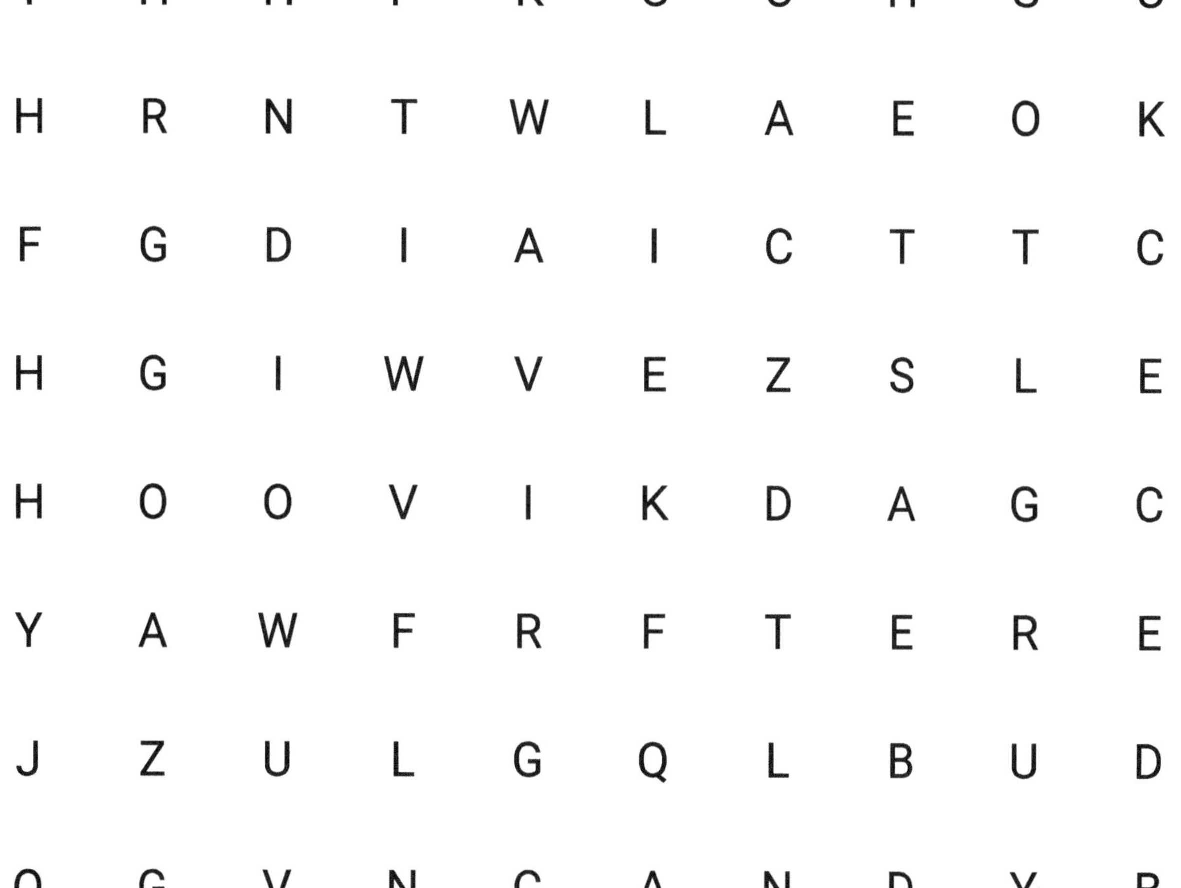

Word List

AUTUMN	FOG
BEAST	HAUNT
CANDY	HOWL
DEATH	SHOCK
SUPERHERO	WIZARD

Word Search 50

H M U L W D R D R H
E G I E N E L Z L M
A P R D R A I H L Y
D X W S N B T R V C
S R Y T G I A K D J
T O E D A N G C I Z
O R Y R V D A H A Y
N K W I Z Z T F T M
E I R R B R I G H T
Y J P S P I R I T H

Word List

FANGS   MIDNIGHT
HEADSTONE   SPIRIT
LANTERN   WEIRD
MACABRE   WRAITH
bright

Word Search 51

E C B A T R B G Y P
Y C U L E N E P C S
H R B Q R N S Z R T
S E B D R S S P E I
I E L E I W N D A C
U P I K F E E E K K
Q Y N O Y E K K Y Y
S R G O I T O C E K
S S D R N B R I Z W
H L V C G L B W A X

Word List

broken
bubbling
creaky
creepy
terrifying

crooked
squishy
sticky
sweet
wicked

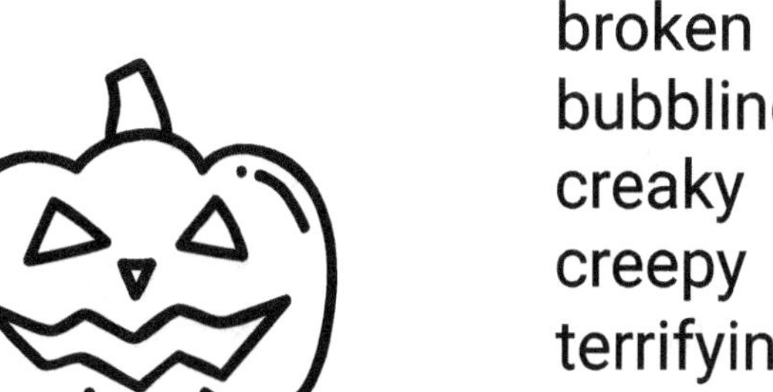

Word Search 52

F	B	O	D	H	Q	E	J	E	X
R	S	C	W	R	V	V	L	G	B
O	P	L	O	R	I	K	A	D	R
B	G	U	A	L	C	N	I	Q	E
F	E	C	S	A	L	A	K	H	W
C	E	W	C	S	R	E	Y	O	L
M	V	Z	A	F	E	L	C	W	J
C	B	U	A	R	G	R	A	T	U
V	S	I	E	U	E	R	D	L	D
L	C	C	I	C	C	X	Q	J	H

Word List

afraid	carve
beware	collect
brew	crawl
cackle	dress up
drink	ugly

Word Search 53

Y K K L P P L K F D
G F N E A M W R O Z
L R M S L H O Y G R
O I A D C G R V E V
W G K H B X G T Y J
F H E N I A S I L Q
L T U H M N R E G W
O E P Q O H E G A D
A N B M F T N L C T
T Y E Q M A S K F H

Word List

eat
float
frighten
giggle
mask

glow
grab
growl
make-up
monster

Word Search 54

M P I S N M V H Z N
O O E S I P A R T Y
O T O E G I P K X U
N I H C H M U Y X U
L O X N T L U K I E
I N A I M O K M T P
G U X R A X B A M F
H T K P R A R E A Y
T O W L E I Q B R R
W P U M P K I N T S

Word List

October	owl
moonlight	party
mummy	pirate
nightmare	potion
princess	pumpkin

Word Search 55

W S P I D E R W E B
S P Y N O J A T R K
B P Q P Q G S O V R
X W E L V B A M K S
X Q B L U Z C B X H
N O T E L E K S X A
T H U N D E R T C D
S C A R E C R O W O
S L I M E G L N Y W
S U R P R I S E M F

Word List

sack	slime
scarecrow	spell
shadow	spider web
skeleton	surprise
thunder	tombstone

Word Search 56

W	I	T	C	H	B	F	N	L	D
D	I	F	L	A	T	D	I	Q	W
B	G	E	T	B	Z	W	T	W	W
U	A	S	L	O	N	B	I	E	O
D	G	G	M	N	U	E	R	R	X
O	R	B	O	E	D	E	I	E	N
I	I	A	R	S	W	P	B	L	W
E	Y	H	Z	O	S	O	F	W	A
Q	N	E	L	I	O	P	H	Y	F
Z	A	F	B	L	W	K	E	U	J

Word List

alien	boo
bag	brew
bats	werewolf
bones	witch
wizard	zombie

Word Search 57

```
B  L  N  O  R  D  L  U  A  C
Y  R  E  T  E  M  E  C  C  A
C  L  O  T  U  J  L  I  C  N
H  A  L  O  F  D  N  C  A  D
A  P  R  C  M  O  B  A  N  Y
I  Y  Z  N  M  S  A  T  D  C
N  D  S  E  I  E  T  I  L  O
S  N  D  S  R  V  Y  I  E  R
S  A  B  B  B  E  O  A  T  C  N
L  C  I  J  O  J  T  L  Y  K
```

Word List

Demonic
broomstick
candle
candy
cemetery

candy corn
carnival
cat
cauldron
chains

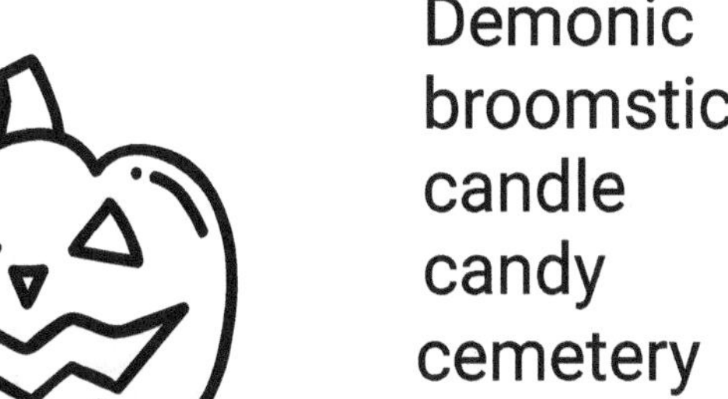

Word Search 58

D E D O O M A D D D
E T E U D N T R D R
S O B L U F F E X O
P L C F N A T A N O
O U S O S O L D D L
N D E S P A I R D S
D E P R E S S F I F
E B P R G J P I R D
N M V R M X W E E V
T D I S C A R D E D

Word List

Depress
Despair
Despondent
Dire
Drool

Discarded
Doom
Dread
Drip

Word Search 59

P T K N E Z X Y O S

E U Y Q F A T A L E

T E I R E E C M E Y

E R E V I L U M F E

R N M Y S V P E C B

N E D I I T F T G A

A J C L Y F F A C L

L I I J E X A F J L

S I U J K S O L E L

J D U S T S S B L C

Word List

Dust   Eternal
Eerie   Evil
Empty   Eyeball
Endless   Fall
Fatal   Fate

Word Search 60

```
G  F  P  F  I  R  E  Z  H  G
N  P  O  Z  R  P  C  G  X  H
I  N  Y  R  K  I  C  K  J  O
P  O  Z  S  G  T  G  H  Y  U
A  O  N  Y  R  O  S  H  V  L
G  M  E  C  G  E  T  O  T  I
Y  K  R  V  L  R  L  T  F  S
T  R  F  F  A  U  U  E  E  H
N  A  M  E  V  Z  J  U  I  N
D  D  F  Q  R  E  T  S  E  F
```

Word List

Darkmoon	Flesh
Fear	Forgotten
Fester	Frenzy
Fire	Fright
Gaping	Ghoulish

ANSWER SHEET

Word Search 1

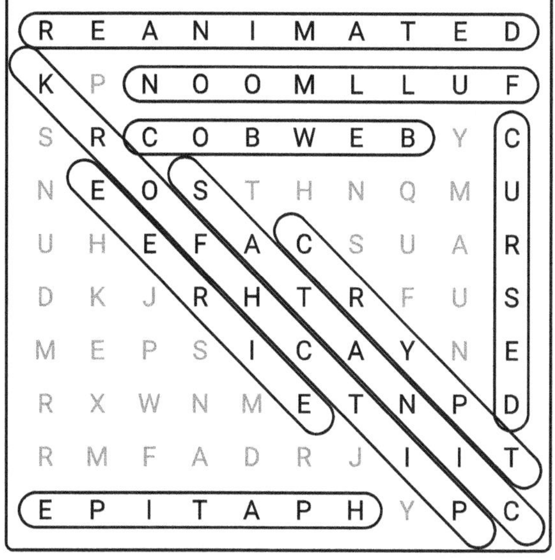

Word Search 2

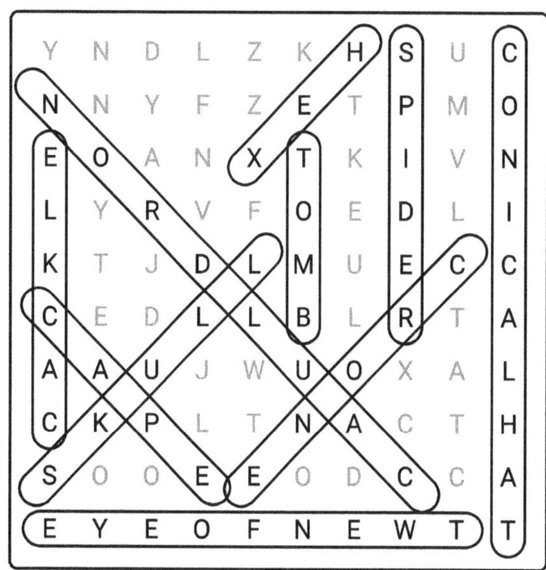

Word Search 3

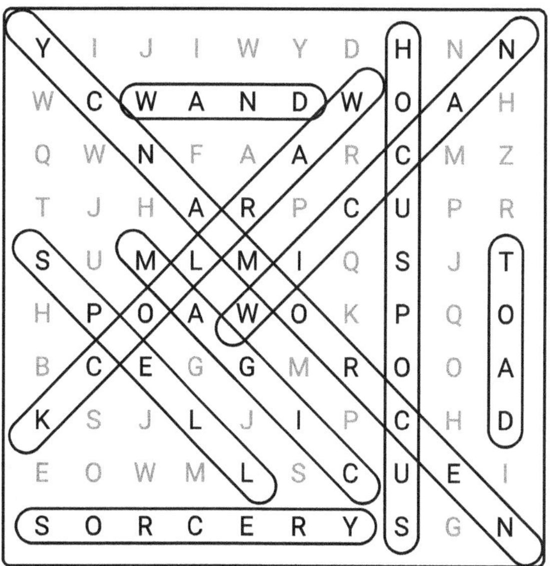

Word Search 4

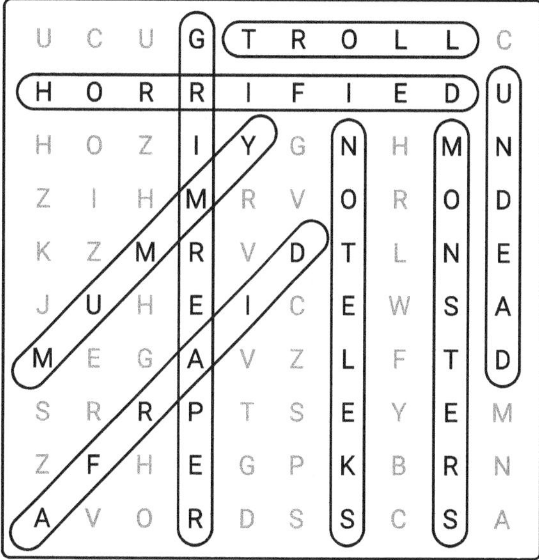

Word Search 5

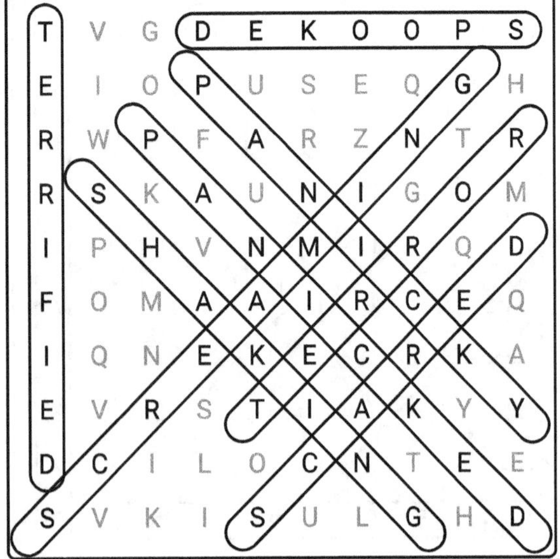

Word Search 6

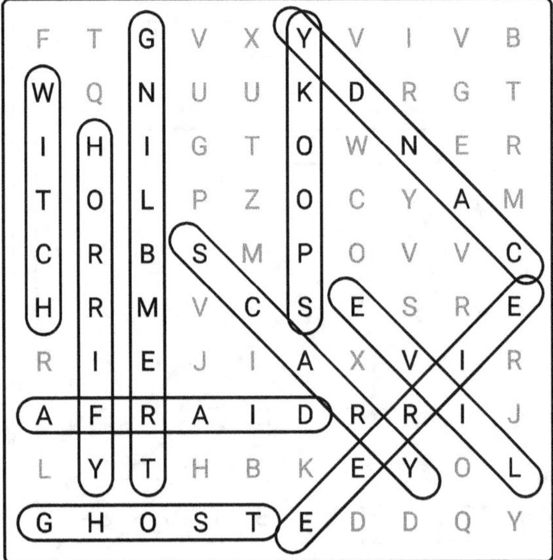

Word Search 7

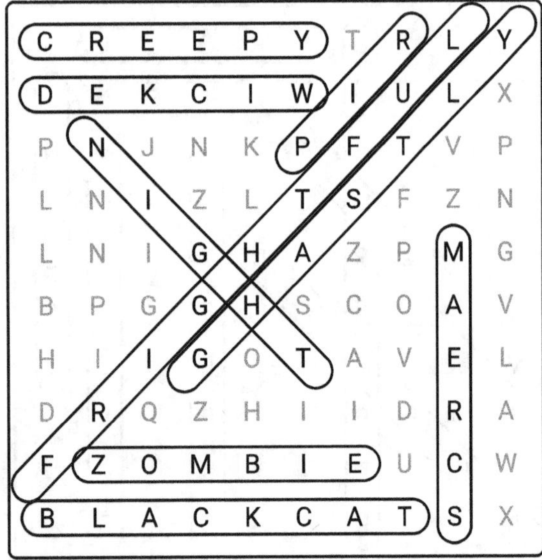

Word Search 8

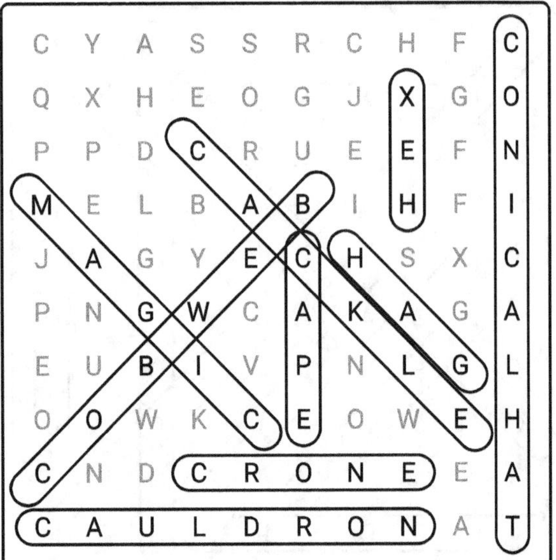

Word Search 9

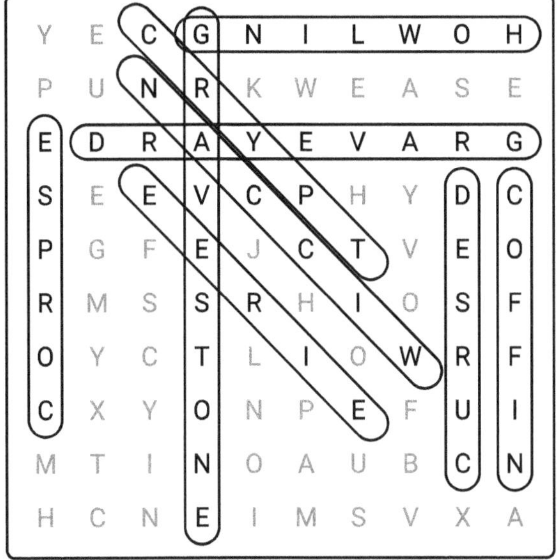

Word Search 10

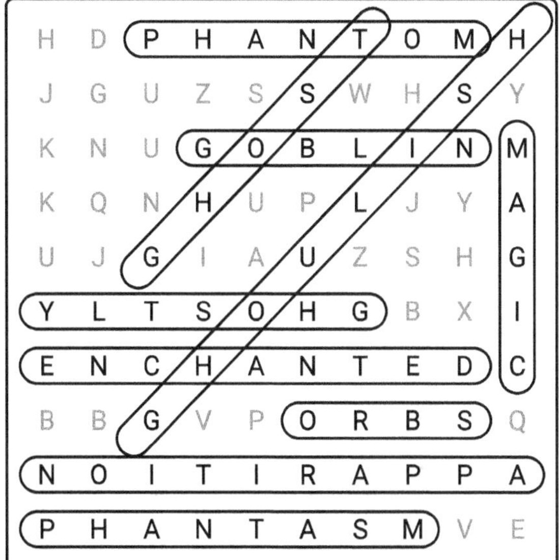

Word Search 11

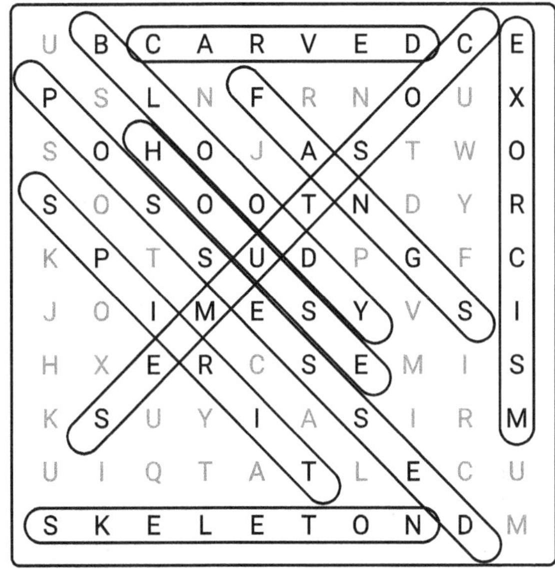

Word Search 12

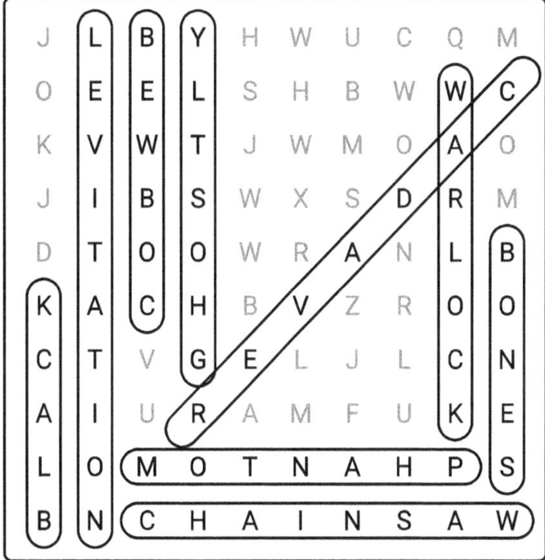

Word Search 13

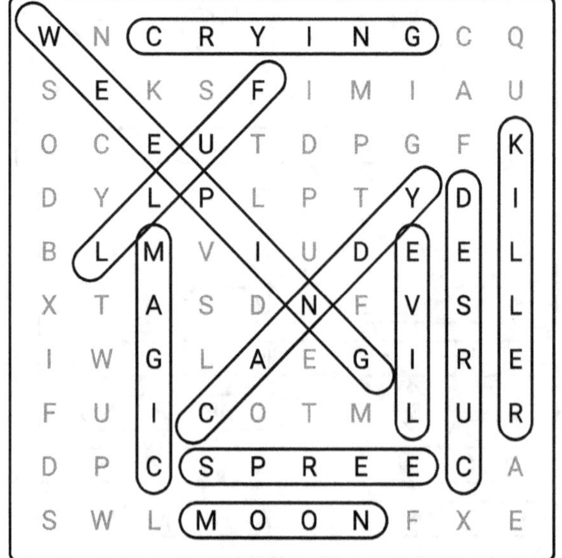

Word Search 14

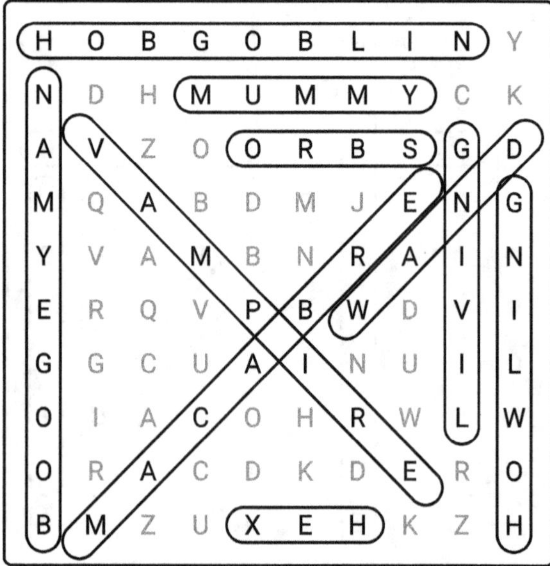

Word Search 15

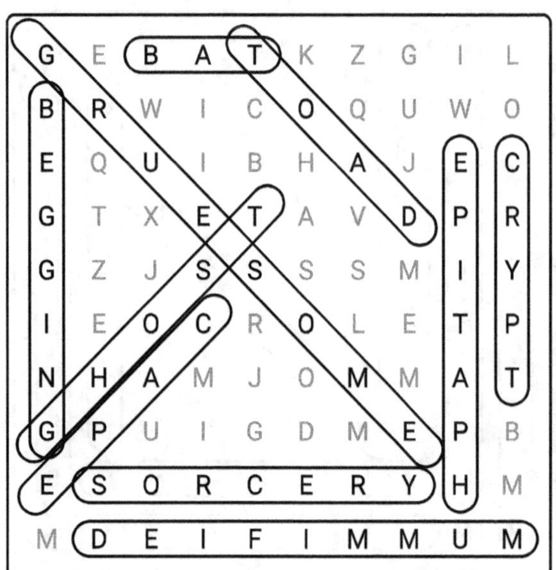

Word Search 16

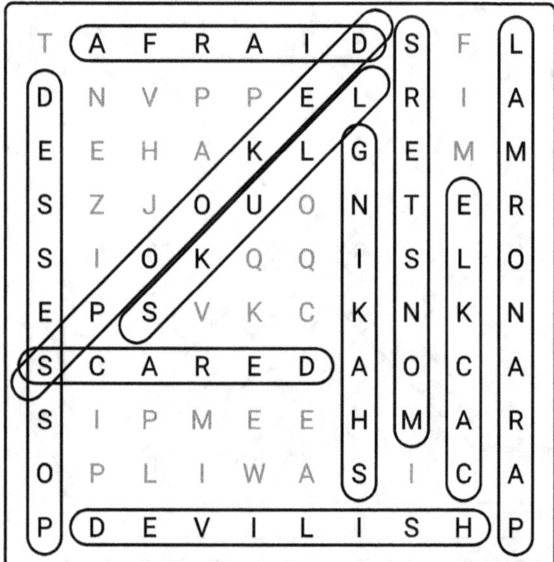

Word Search 17

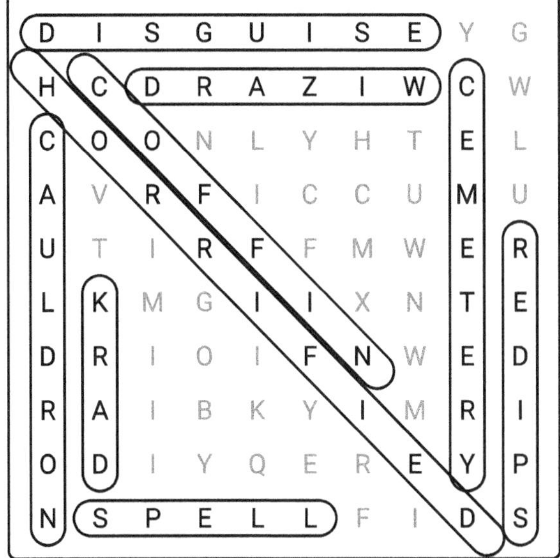

Word Search 18

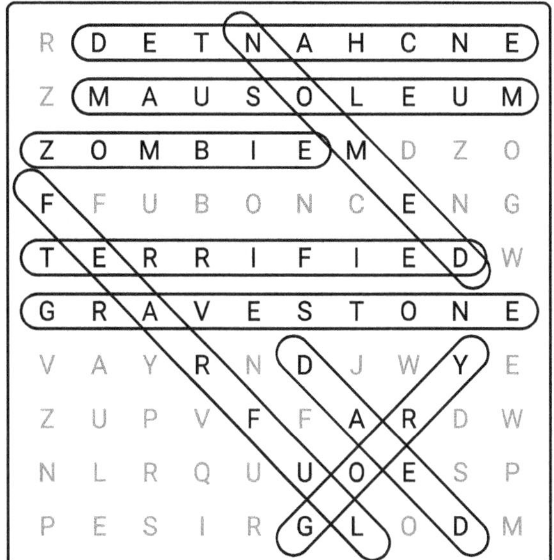

Word Search 19

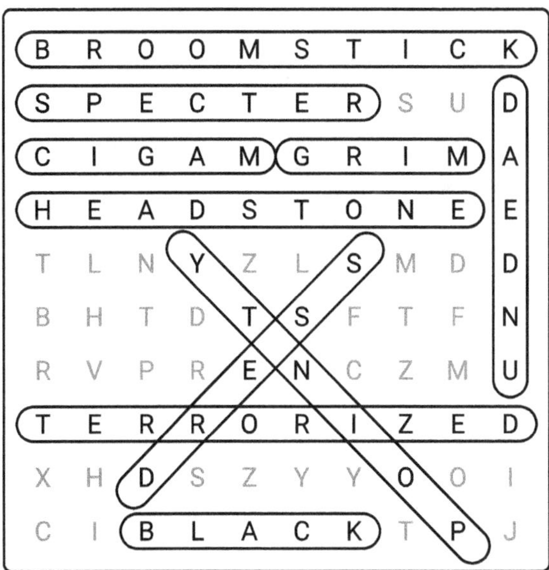

Word Search 20

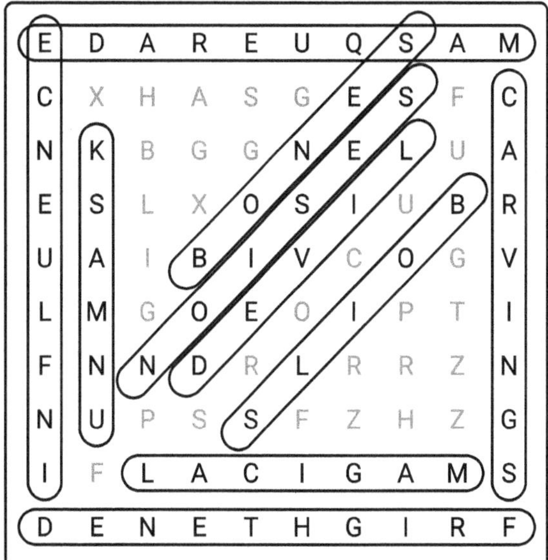

Word Search 21

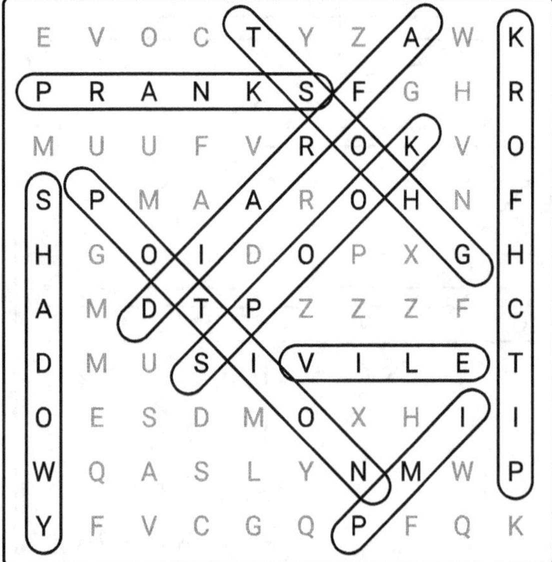

Word Search 22

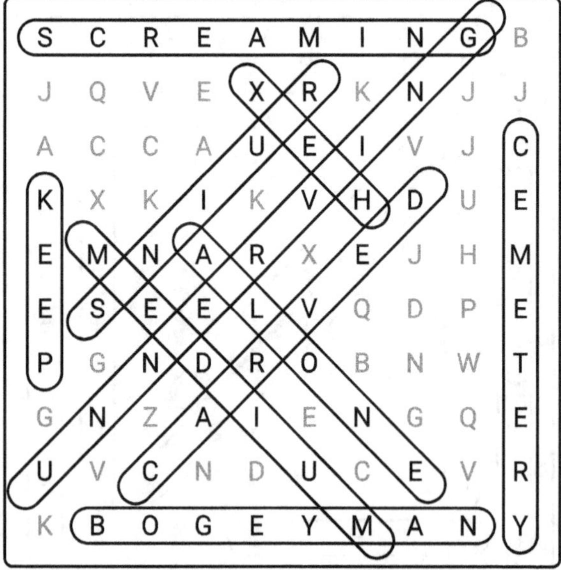

Word Search 23

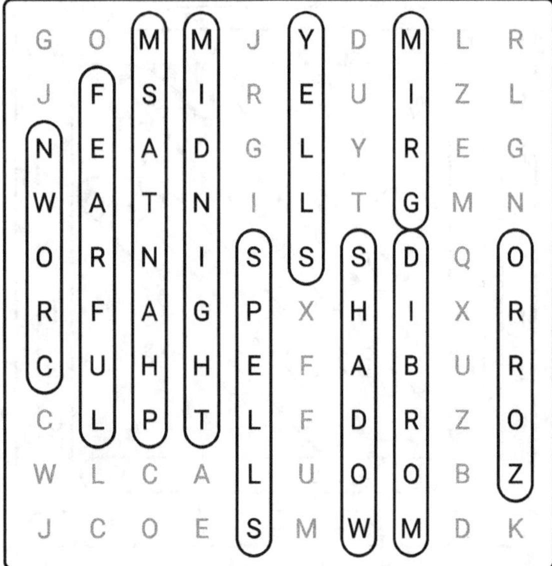

Word Search 24

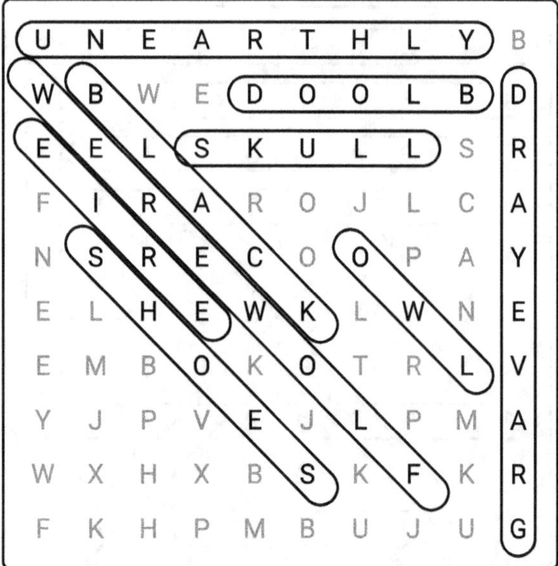

Word Search 25

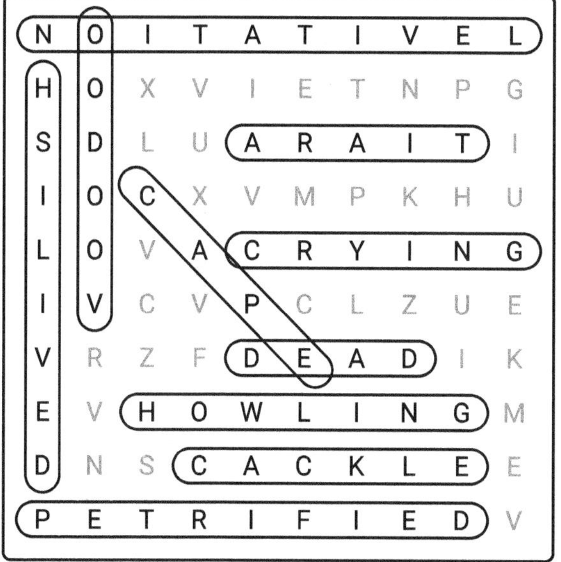

Word Search 26

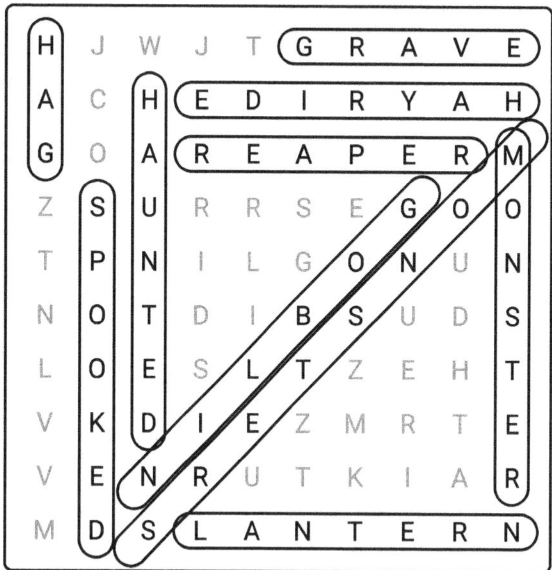

Word Search 27

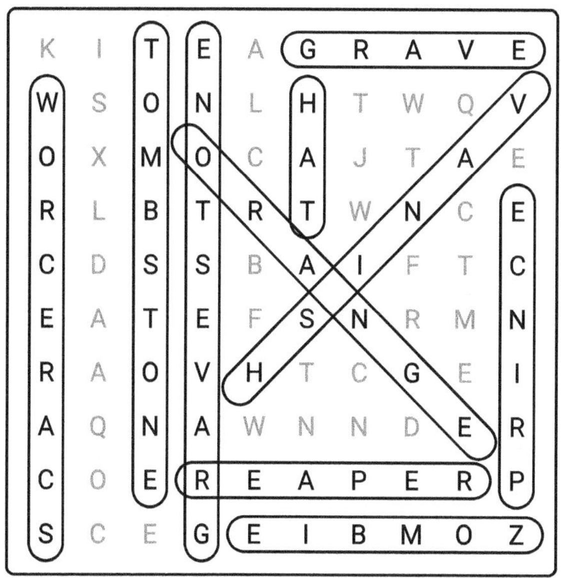

Word Search 28

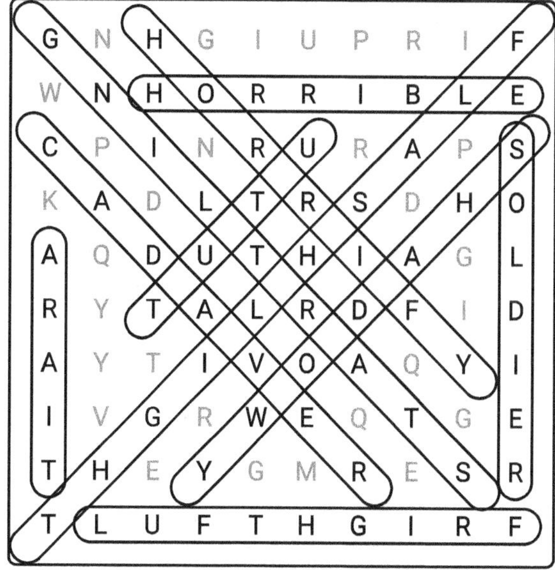

Word Search 29

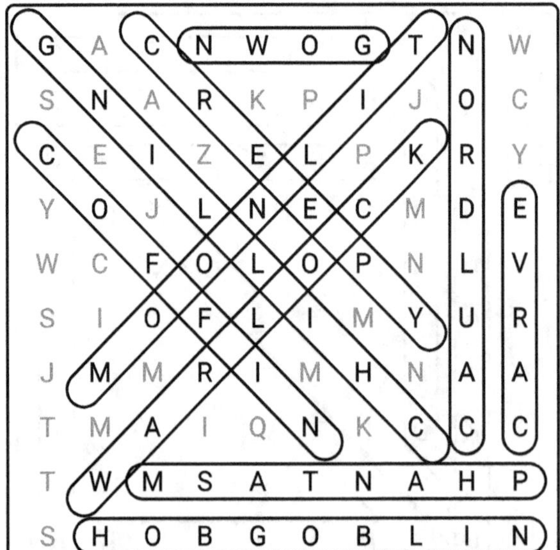

Word Search 30

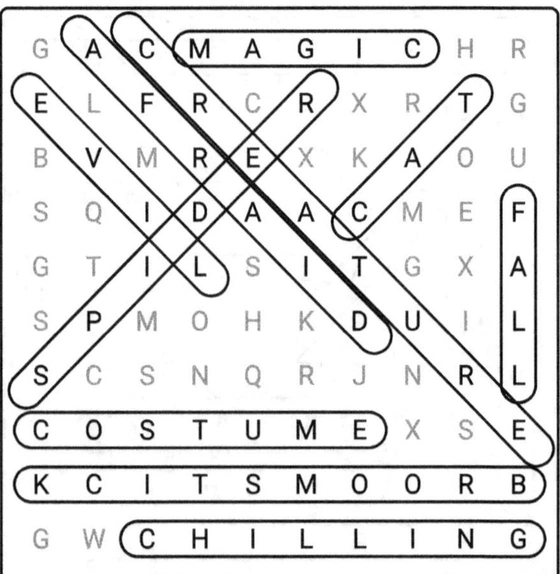

Word Search 31

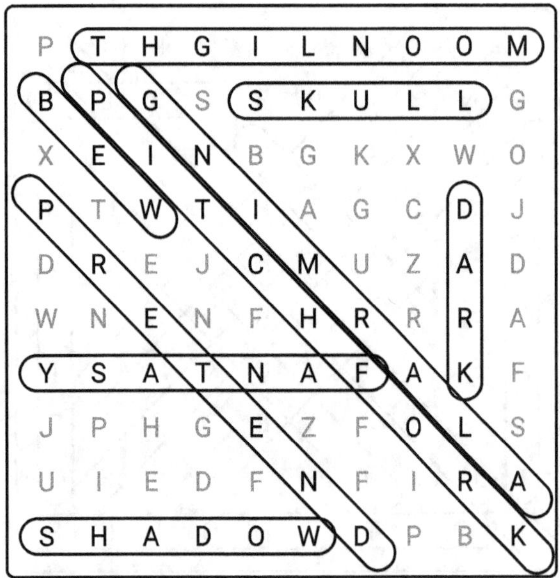

Word Search 32

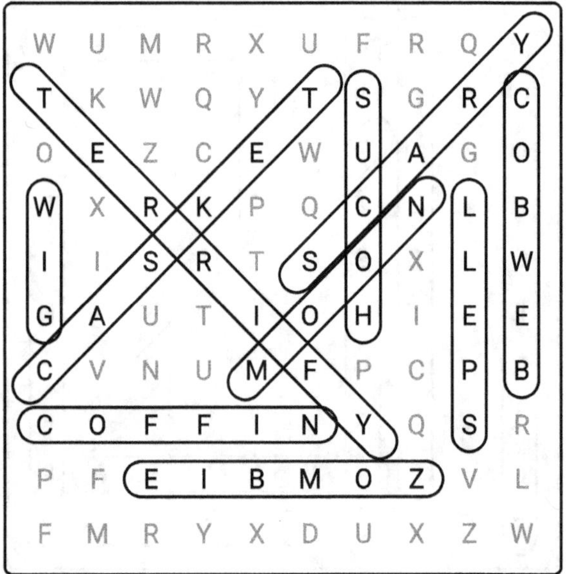

Word Search 33

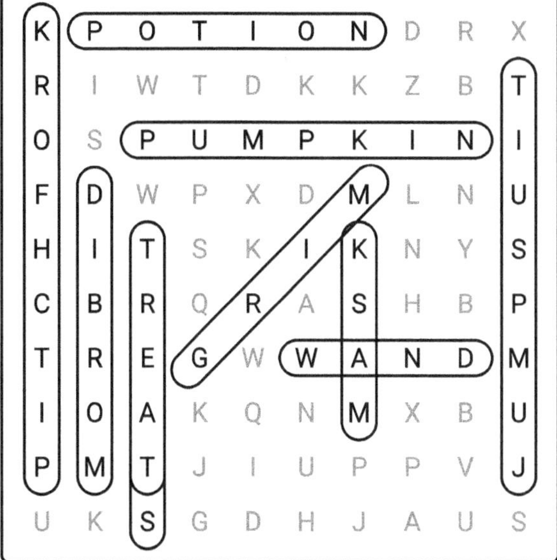

Word Search 34

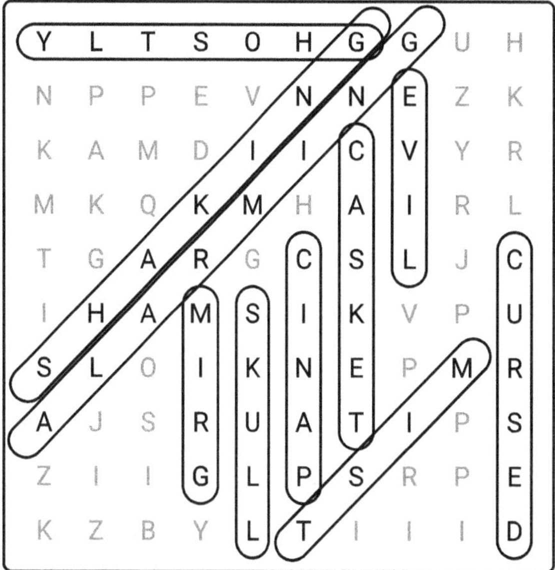

Word Search 35

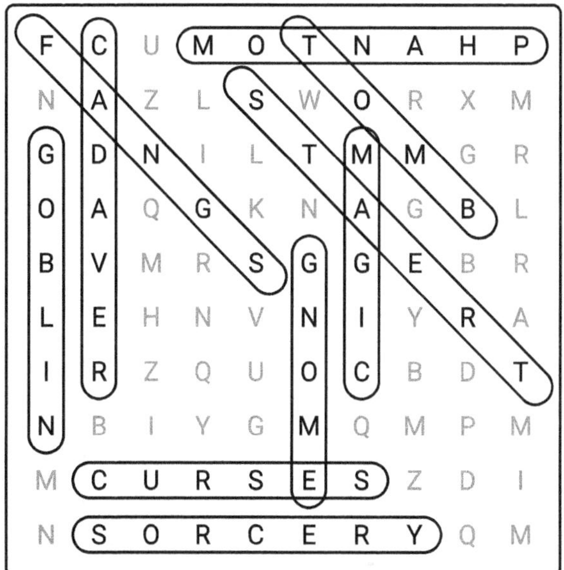

Word Search 36

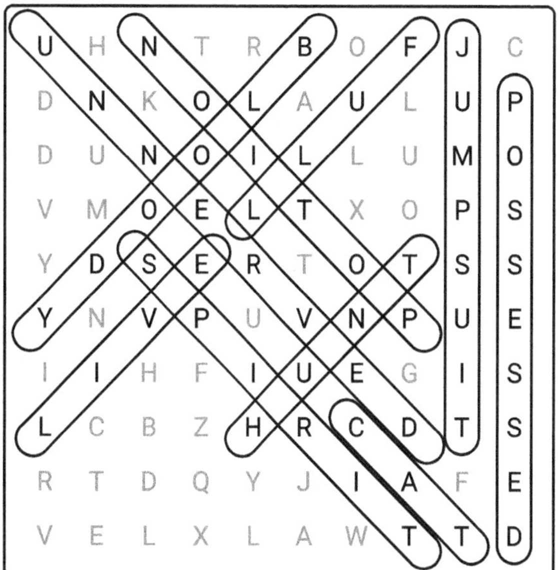

Word Search 37

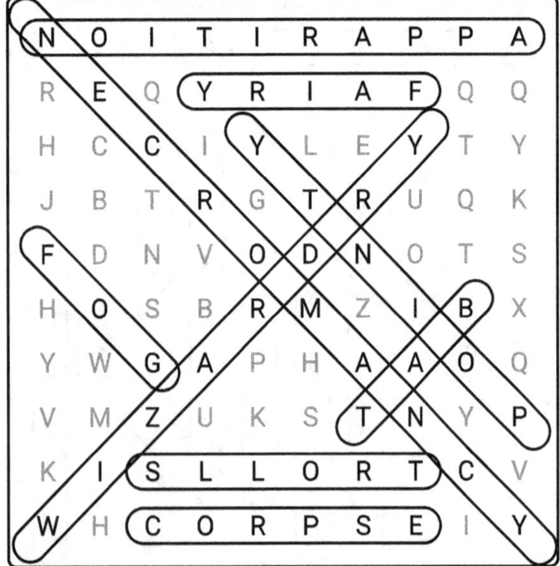

Word Search 38

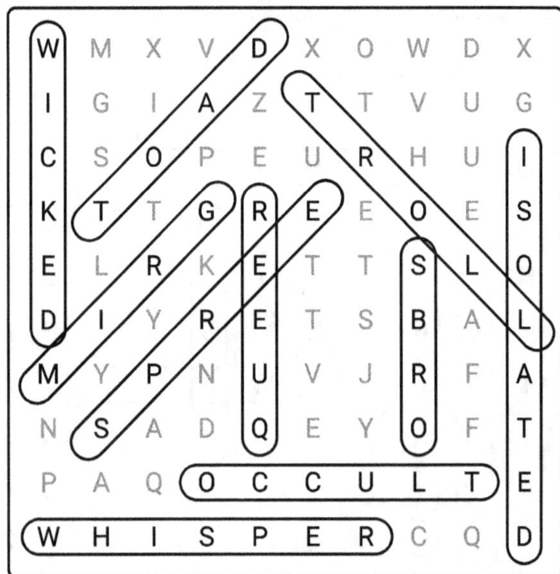

Word Search 39

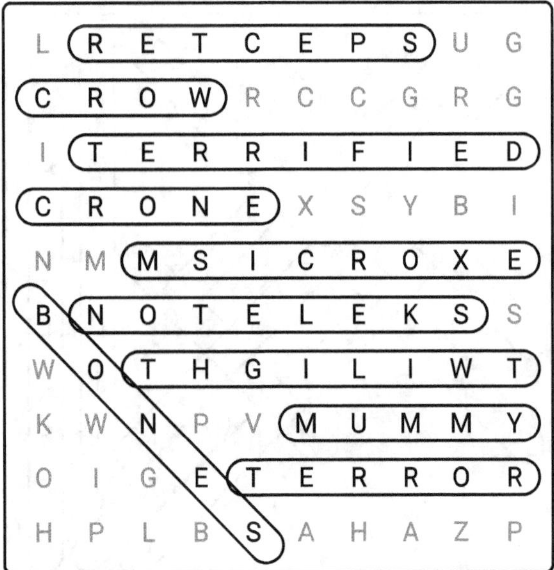

Word Search 40

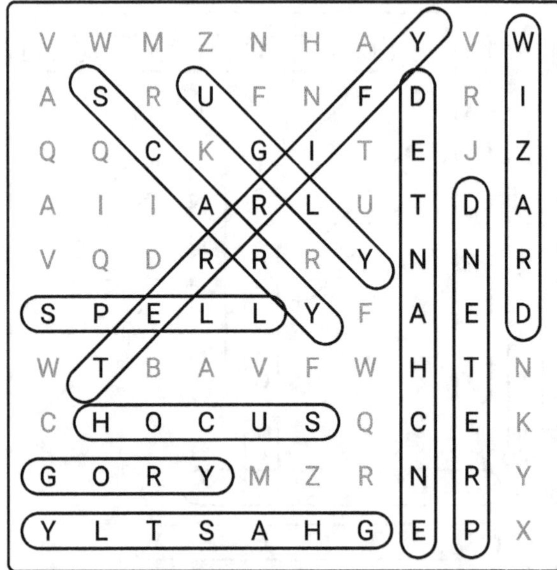

Word Search 41

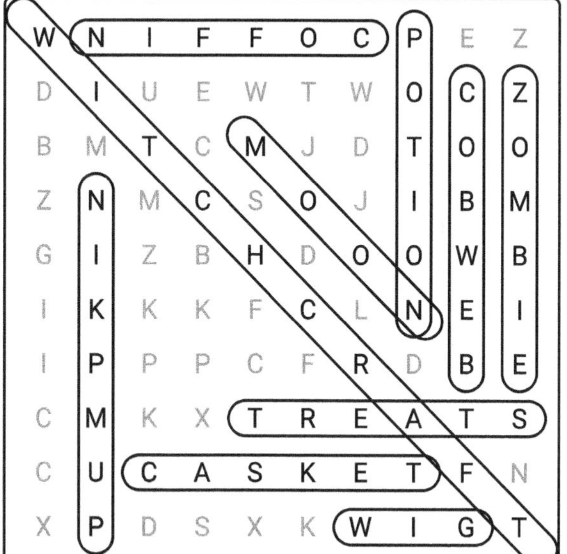

Word Search 42

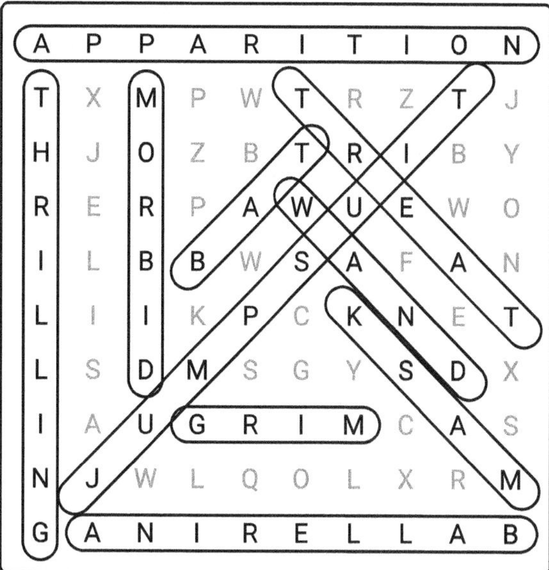

Word Search 43

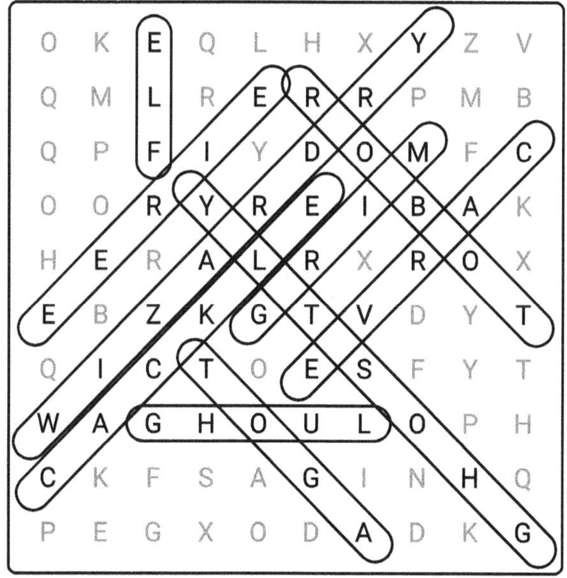

Word Search 44

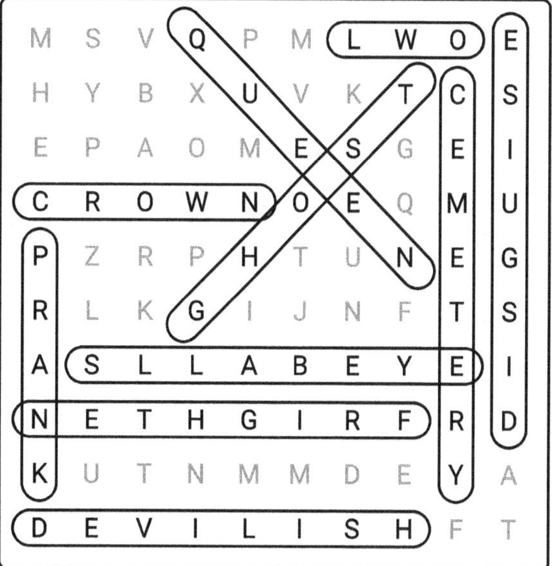

Word Search 45

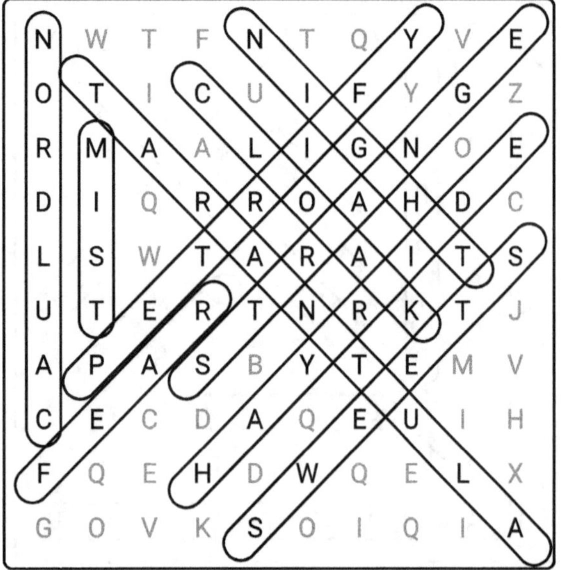

Word Search 46

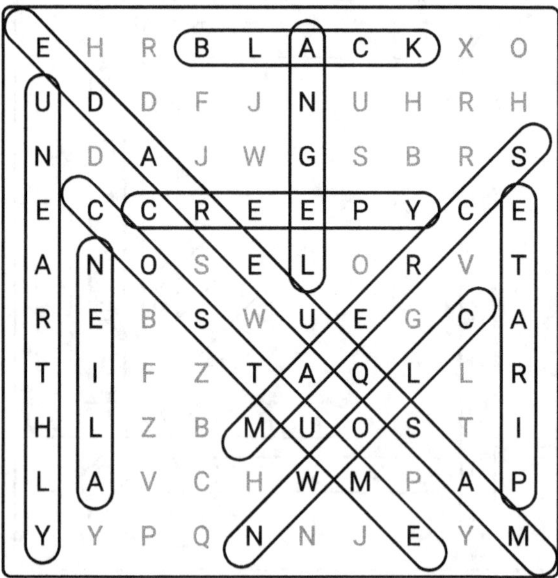

Word Search 47

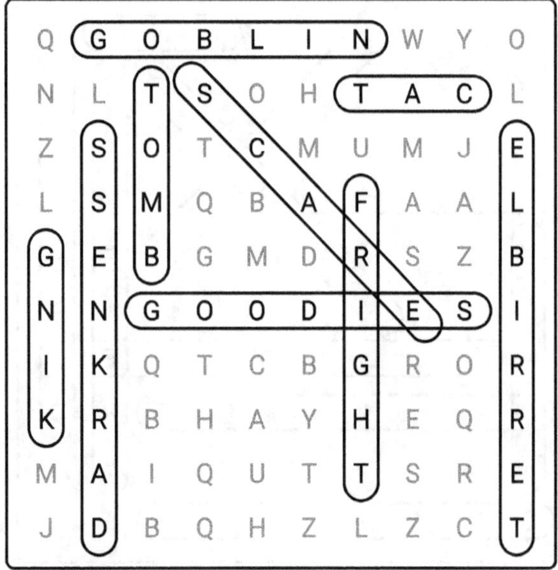

Word Search 48

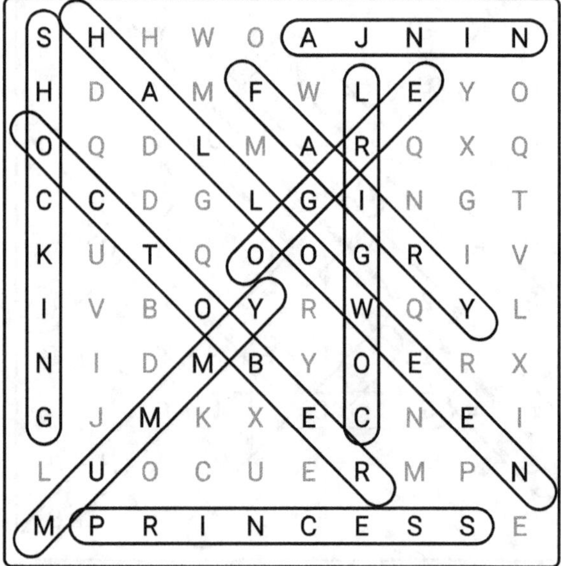

Word Search 49

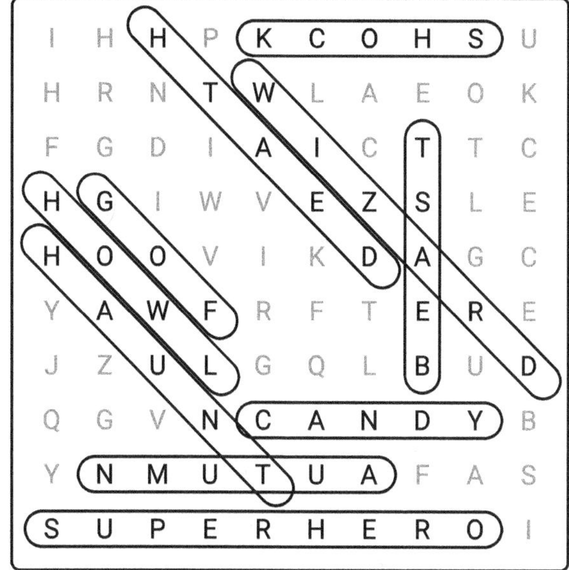

Word Search 50

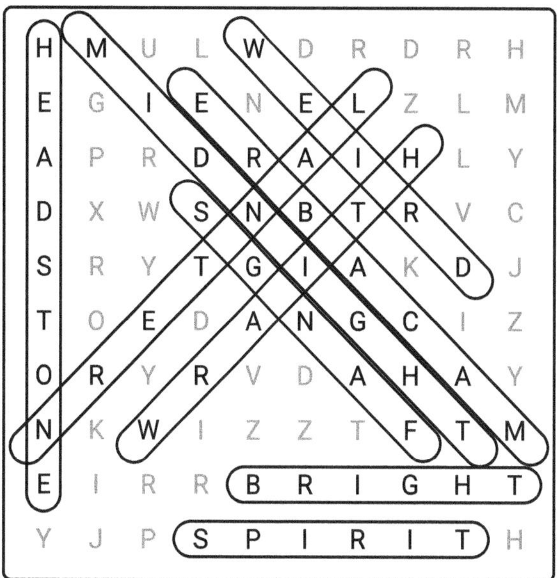

Word Search 51

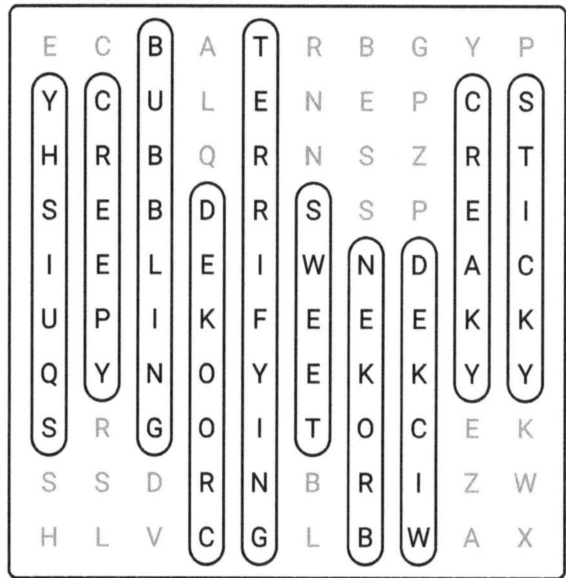

Word Search 52

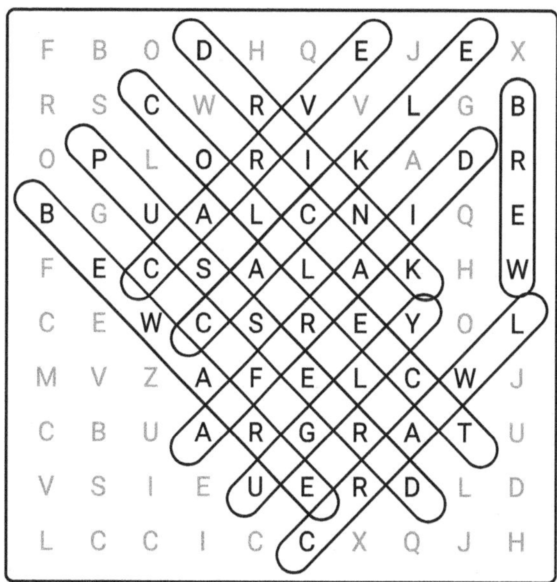

Word Search 53

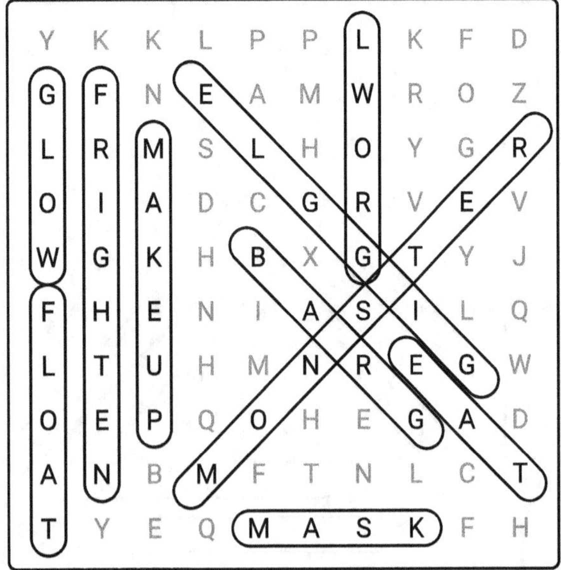

Word Search 54

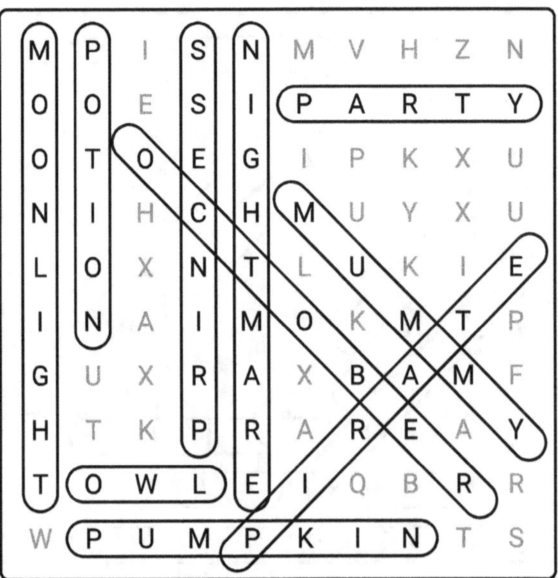

Word Search 55

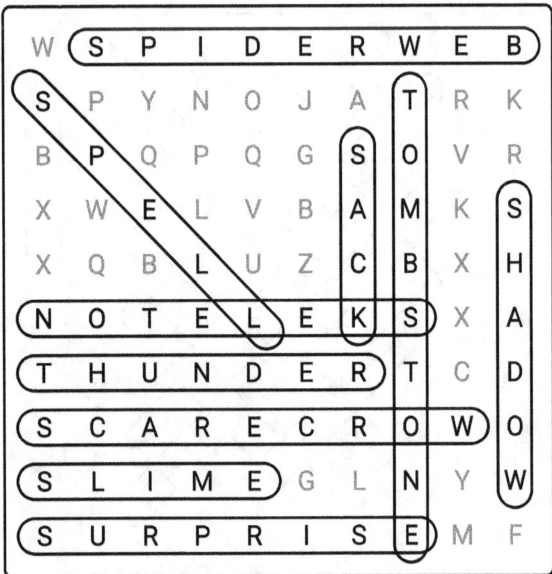

Word Search 56

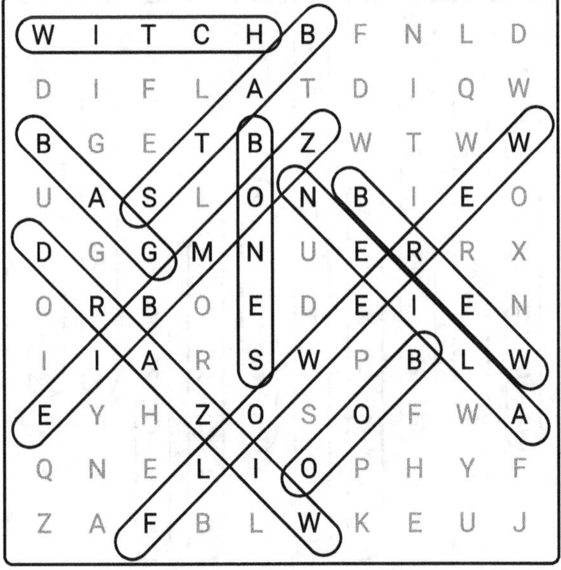

Word Search 49

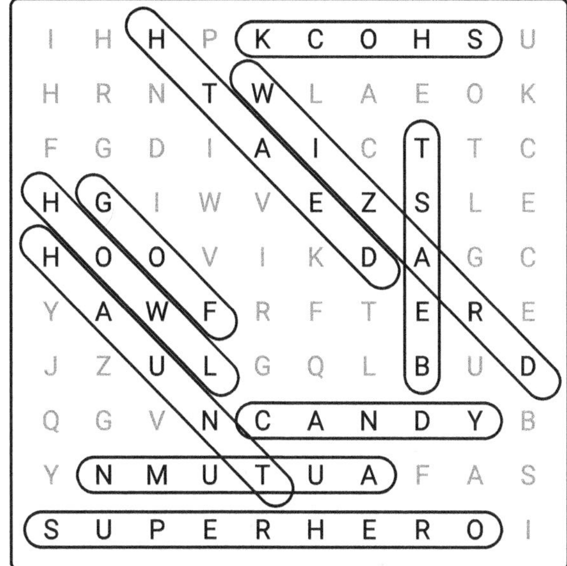

Word Search 50

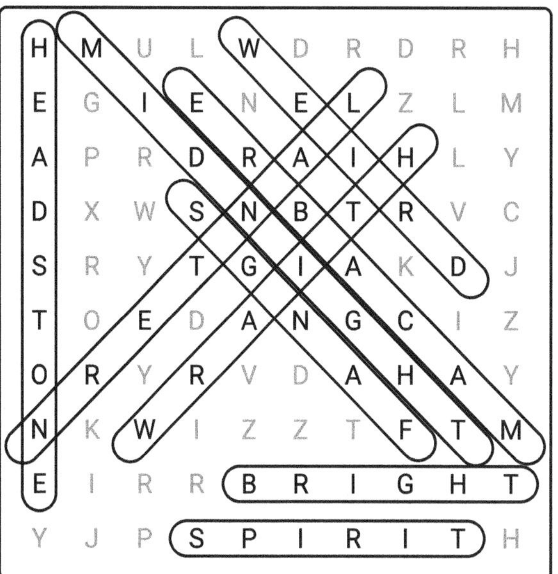

Word Search 51

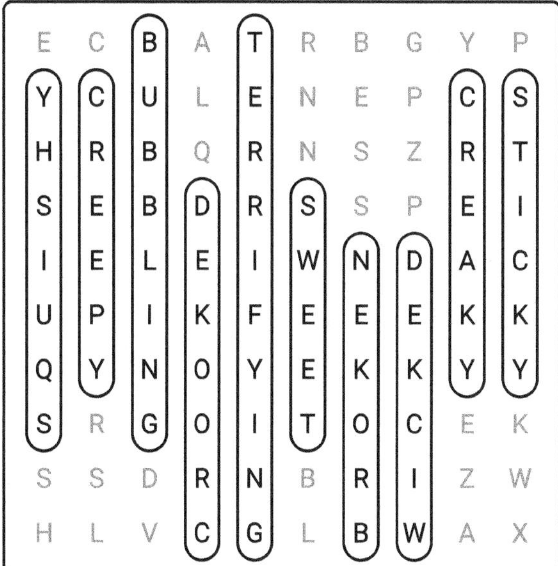

Word Search 52

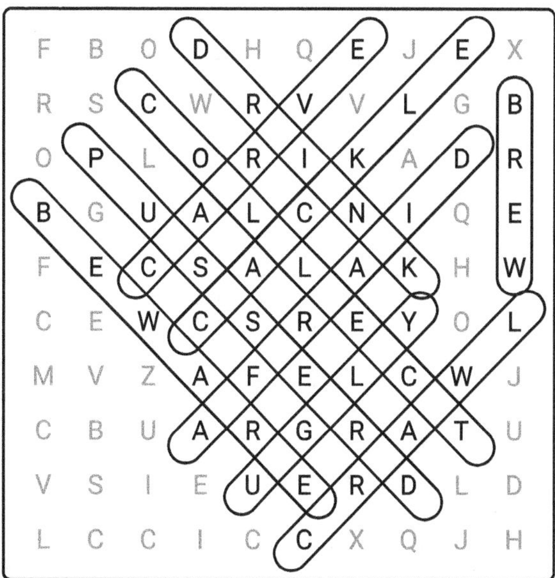

Word Search 53

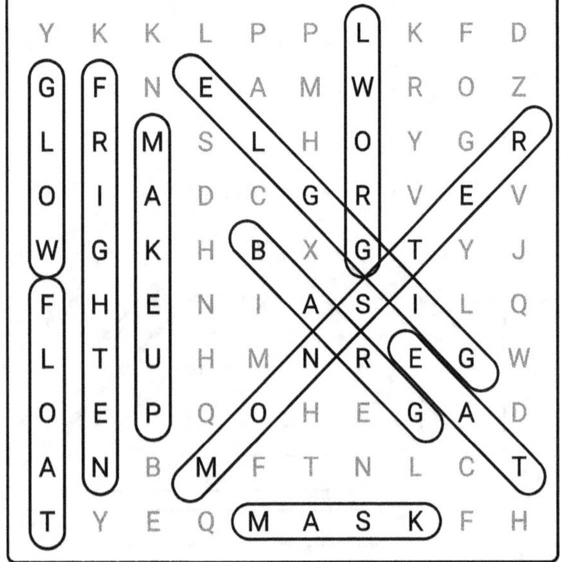

Word Search 54

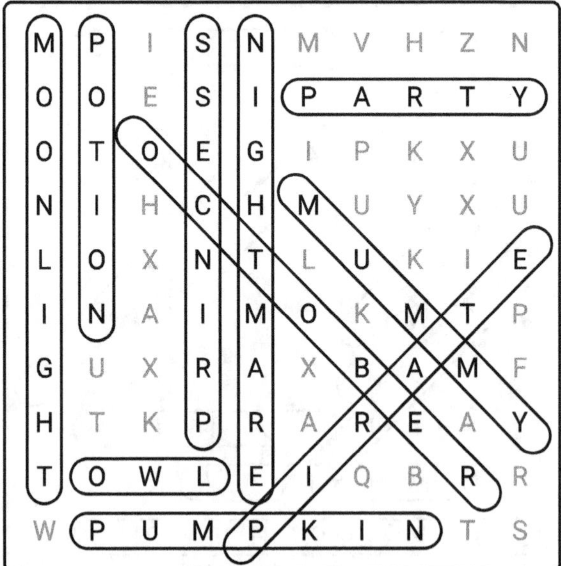

Word Search 55

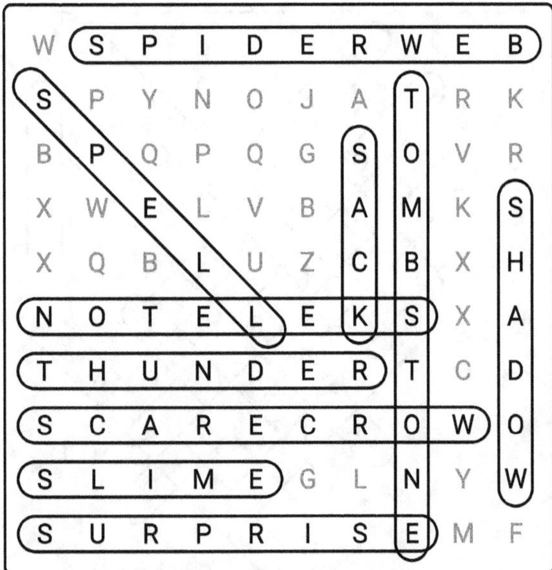

Word Search 56

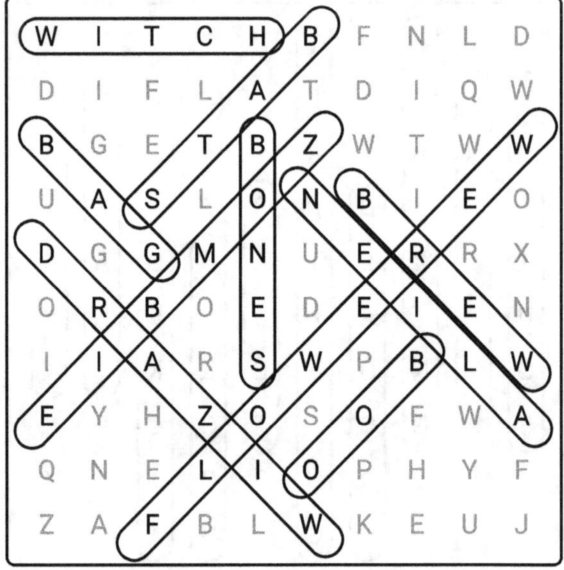

Word Search 57

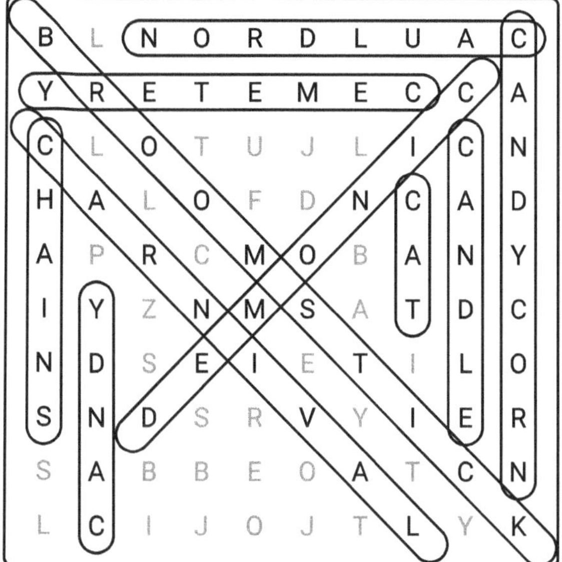

Word Search 58

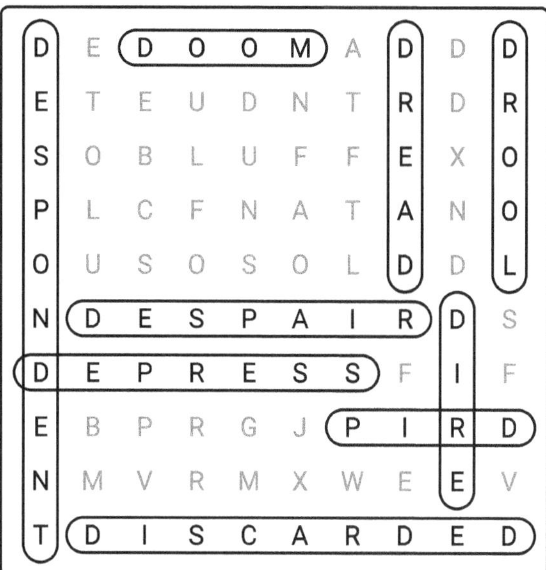

Word Search 59

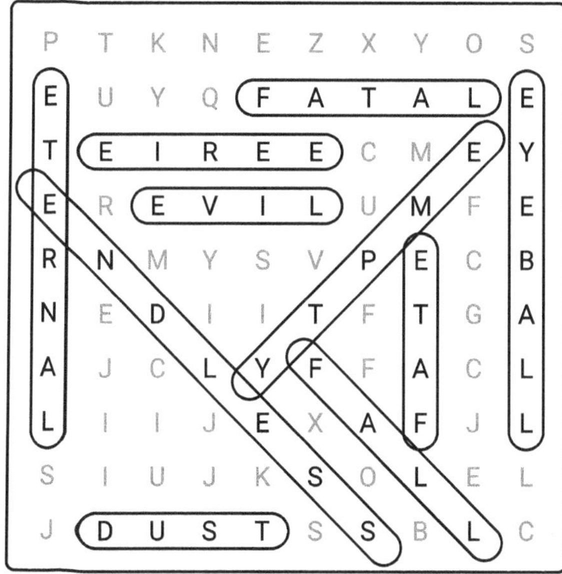

Word Search 60

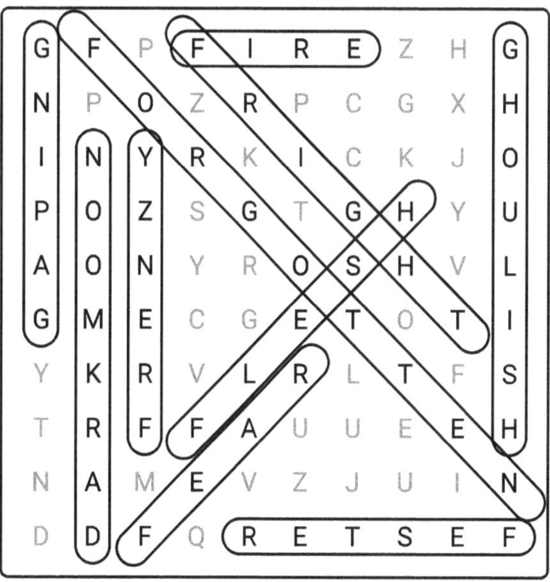